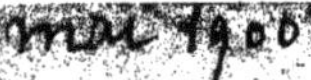

VENTE

Du Mardi 29 Mai 1900

HOTEL DROUOT, SALLE N° 1

à 3 heures et 1/2

TABLEAUX MODERNES

AQUARELLES

COMMISSAIRE-PRISEUR

Mᵉ **Paul CHEVALLIER**

rue Grange-Batelière

EXPERT

MM. FÉRAL Père et Fils

54, faubourg Montmartre

CATALOGUE

DE

TABLEAUX MODERNES

PAR

ANASTASI, COROT
DAUBIGNY, DIAZ, GABRIEL, JONGKIND, SISLEY, ZIEM

Provenant de la Collection de M. G...

DEUX TABLEAUX PAR CL. MONET

APPARTENANT A M. P***

Et dont la vente aura lieu

HOTEL DROUOT, SALLE N° 1

Le Mardi 29 Mai 1900

A TROIS HEURES ET DEMIE

COMMISSAIRE-PRISEUR
Me Paul CHEVALLIER
10, rue de la Grange-Batelière

EXPERTS
MM. FÉRAL père et fils
54, rue du Faubourg-Montmartre

EXPOSITIONS

Particulière : *Le Lundi 28 Mai 1900, de 1 h. 1/2 à 5 h. 1/2.*
Publique : *Le Mardi 29 Mai, jour de la Vente, de 1 h. 1/2 à 3 h. 1/2.*

CONDITIONS DE LA VENTE

Elle sera faite au comptant.

Les acquéreurs payeront CINQ POUR CENT en sus des adjudications.

L'exposition mettant le public à même de se rendre compte de l'état et de la nature des objets, il ne sera admis aucune réclamation une fois l'adjudication prononcée.

Paris. — Imp. de l'Art, E. MOREAU et Cie, 41, rue de la Victoire.

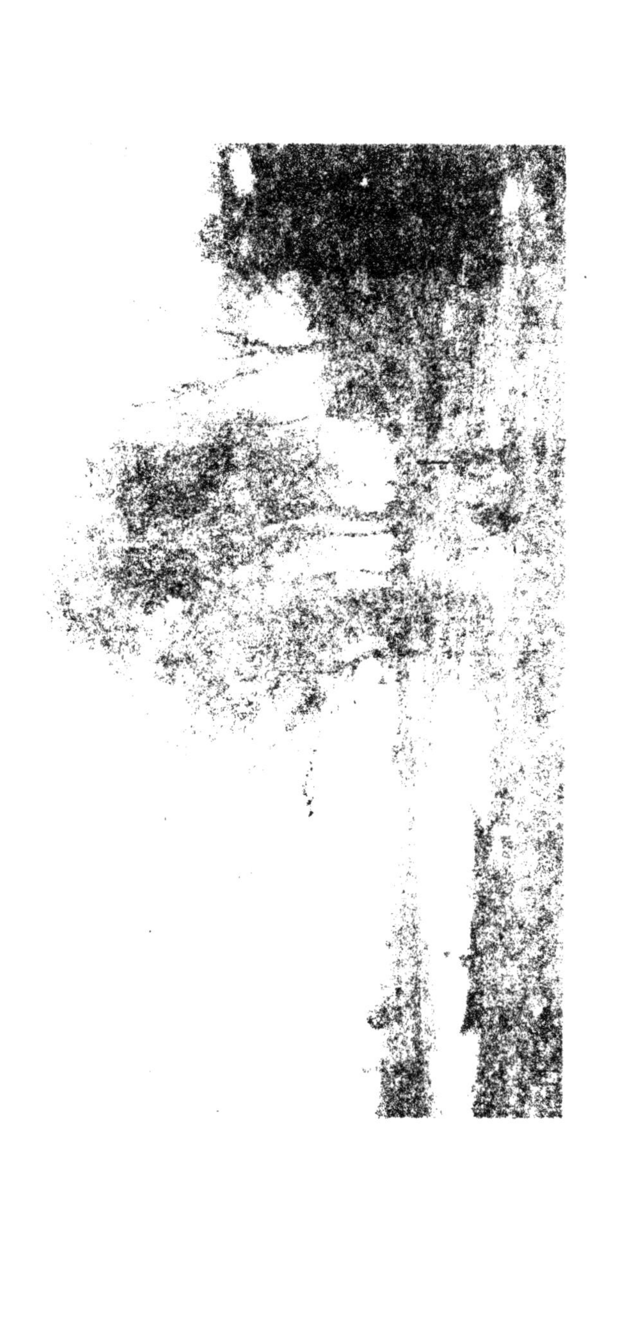

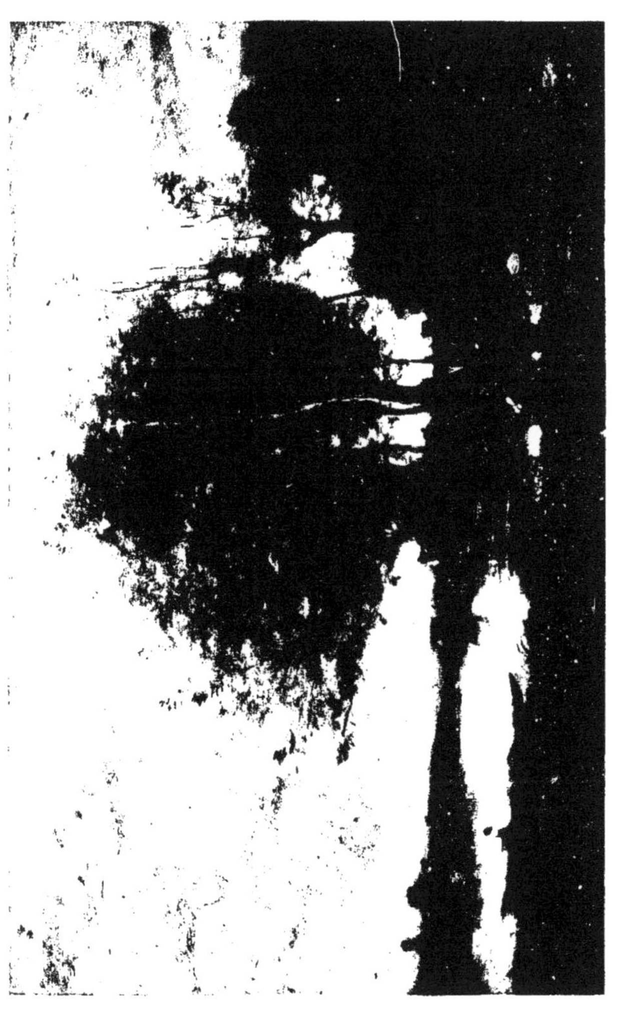

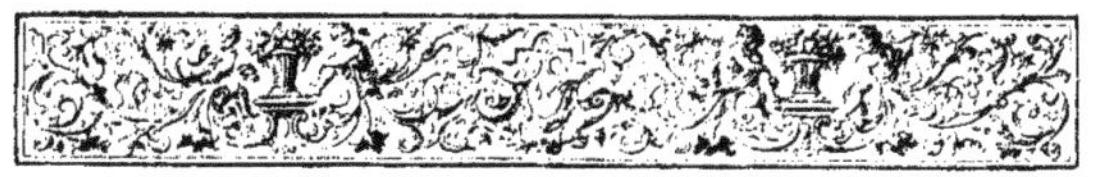

DÉSIGNATION

TABLEAUX

ANASTASI

1 — *Bateaux de pêche au large.* 180

Bois. Haut., 31 cent.; larg., 52 cent.

COROT

2 — *L'Etang.*

Il reflète le ciel d'une matinée d'été. Deux femmes accroupies, une autre debout sont occupées sur l'herbe de la rive. A gauche, un homme, portant un bonnet rouge, est assis dans un bateau. Un bouquet de grands arbres se détachent au delà de la nappe d'eau. 18 500

Plus loin, les toits rustiques de quelques habitations. Signé à droite.

Toile. Haut., 39 cent.; larg., 60 cent.

COROT

(C.)

3 — *Pré au bord d'un étang.*

Des vaches paissent dans un pré sous la garde de deux femmes, au bord d'un étang d'une vaste étendue.

A gauche, des arbustes couvrent la rive.

On aperçoit, vers le fond, le clocher d'un village.

Signé à gauche.

Bois. Haut., 25 cent.; larg., 42 cent.

COROT

(C.)

4 — *Vue de Ville-d'Avray.*

Un pré entrecoupé d'arbustes et bordé d'une mare, au premier plan. A droite, un paysan coiffé d'un bonnet rouge; plus loin, une vache dans la broussaille.

Au delà d'un étang, des côteaux boisés s'étendent vers le fond, sous un ciel légèrement ennuagé.

Signé à gauche.

Toile. Haut., 24 cent.; larg., 32 cent.

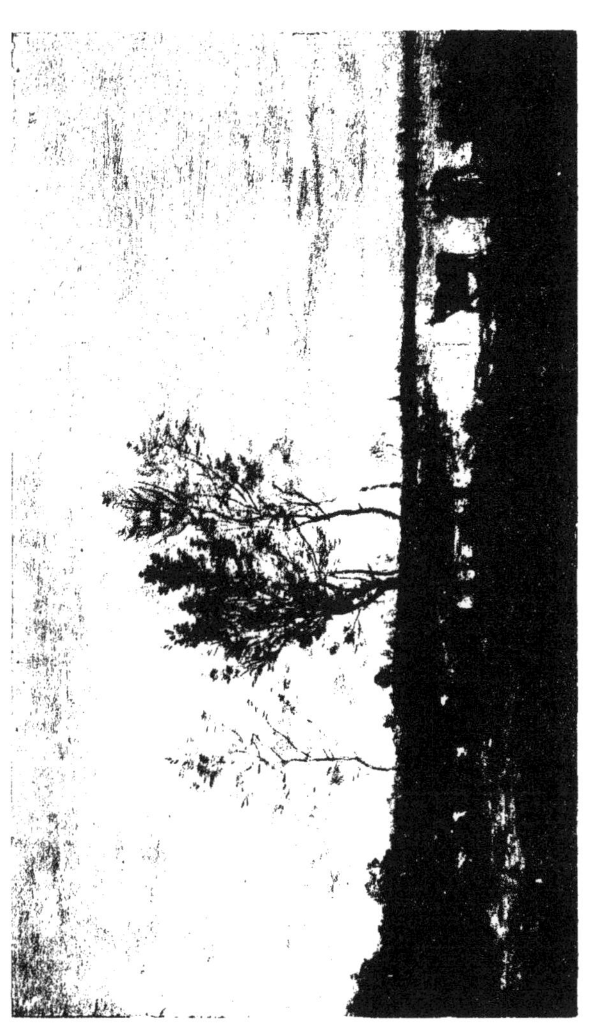

DAUBIGNY

(CHARLES)

5 — *La Falaise.*

Des vaches paissent sur un terrain où croissent de hautes herbes.

A droite, les bâtiments d'une ferme sont en partie cachés par la verdure.

Vers le fond et à gauche, on aperçoit la mer et la voile blanche d'un bateau de pêche.

Signé à droite.

Toile. Haut., 24 cent.; larg., 52 cent.

DIAZ

(N.)

6 — *La Femme aux fleurs.*

Marchant dans la campagne, vêtue d'une jupe bleue, sa chemise tombée des épaules, découvrant sa poitrine, les cheveux longs ; elle tient, du bras gauche, une corbeille de fleurs, appuyée sur la hanche, et cueille une branche de pavots.

Signé à droite.

Bois. Haut., 29 cent.; larg., 18 cent.

DIAZ

(N.)

3 200 7 — *La Baigneuse.*

Debout, dans la forêt éclairée des dernières lueurs du jour, elle a déjà mis un pied dans le cours d'eau.

Appuyée sur un rocher où est posée son écharpe rose, elle tient un voile blanc sur le bras droit, replié sur sa poitrine.

Un chien est assis à gauche.

Signé à gauche des initiales.

Bois. Haut., 29 cent.; larg., 18 cent.

GABRIEL

310 8 — *Vaches à l'étable.*

Signé à droite.

Bois. Haut., 31 cent.; larg., 40 cent.

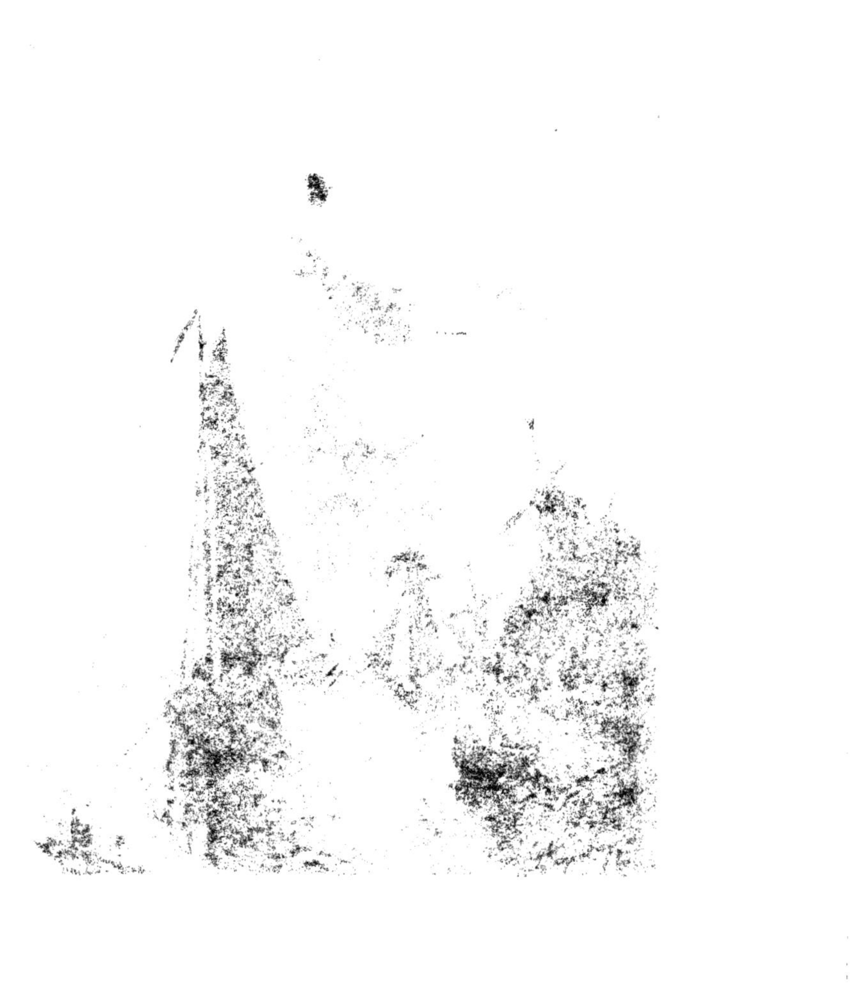

3

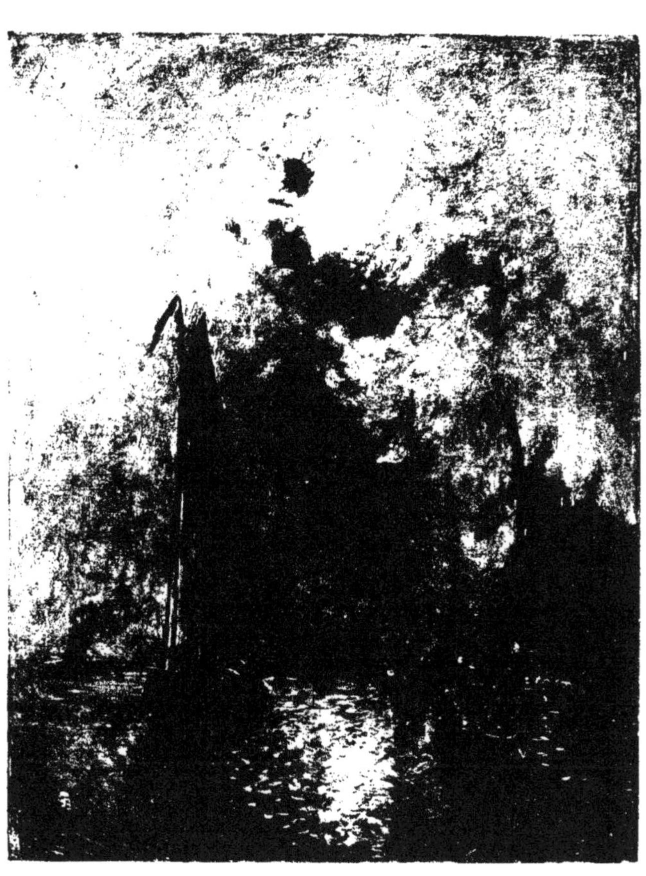

JONGKIND

(J.-B.)

9 — *Le Merwede, à Dordrecht, par un clair de lune.*

Des bateaux à voile laissent derrière eux un sillage éclatant.

A droite, un homme pousse une barque à la rame.

Plus loin, dans une demi-obscurité, des moulins se silhouettent parmi les arbres de la rive.

Signé à droite et daté 72.

Toile. Haut., 4[illegible] cent : larg., [illegible]3 cent.

SISLEY

10 — *Le Chemin des Fontaines.*

Entre deux tertres embroussaillés il conduit vers une plaine, sous le soleil d'une matinée de juin.

Signé à droite et daté 87.

Haut., [illegible] cent.; larg., 71 cent.

ZIEM

11 — *Bords de rivière.*

Signé à droite.

Bois. Haut., 14 cent.; larg., 26 cent.

AQUARELLES

JONGKIND

(J.-B.)

12 — *Ferme aux environs de Honfleur.*

Une charrette est abandonnée dans une cour devant des bâtiments entourés d'arbres.

Sur une route, une mère promène ses enfants.

Dans le fond, on aperçoit la mer.

Signée et datée de Honfleur.

Aquarelle.

Haut., 19 cent.; larg., 34 cent

JONGKIND

(J.-B.)

13 — *Une Route, près Nevers.*

Elle est bordée de grands arbres. A droite, une construction rustique.

Signée à droite.

Aquarelle.

Haut., 23 cent.; larg., 41 cent.

JONGKIND

(J.-B.)

14 — *Vue de Honfleur.*

Dans le bassin, trois bateaux aux mâts gréés. A droite et vers le fond, le quai de la ville.

Signée à droite et datée *Honfl. 12 sept. 65.*

Aquarelle.

Haut., [illegible] cent.; larg., [illegible] cent.

PAPELEU

(V.)

15 — *Quatre Vues de port.*

Aquarelles.

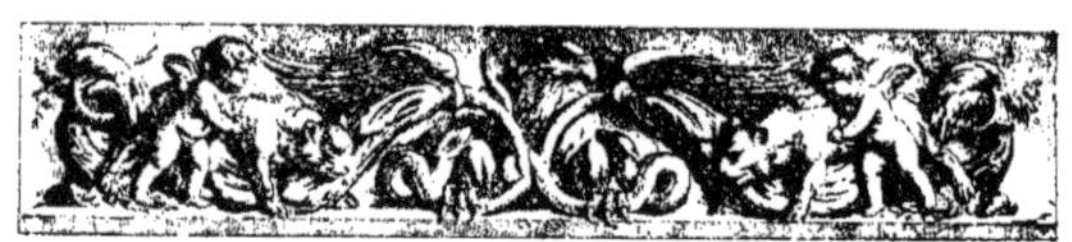

TABLEAUX

APPARTENANT A M. P***

MONET

(CLAUDE)

16 — *Paysage d'hiver.*

La campagne est couverte de neige.

Une route longe un pré planté de pommiers.

A droite, deux constructions rustiques.

Vers le fond, des arbres givrés se détachent sur un ciel gris d'orage.

Signé à gauche.

Toile. Haut., 80 cent.; larg., 98 cent.

MONET

(CLAUDE)

17 — *Fleurs.*

Un lys, des lilas, des pâquerettes et autres fleurs dans des pots ou des caisses posées à terre.

Toile. Haut., 1 m. 28 cent.; larg., [illegible] cent.

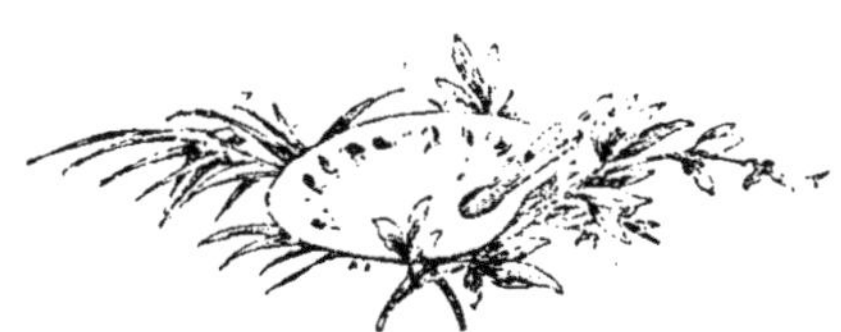

www.ingramcontent.com/pod-product-compliance
Ingram Content Group UK Ltd.
Pitfield, Milton Keynes, MK11 3LW, UK
UKHW021040260726
13994UKWH00005B/2276